THE FORM OF LIFE

GABRIELA FANTATO

GABRIELA FANTATO

The Form of Life

New and Selected Poems 1996–2009

Translated by Emanuel di Pasquale
With a Preface by Giancarlo Pontiggia

Chelsea Editions

Series: Contemporary Italian Poets in Translation, 8

Chelsea Editions, a press of Chelsea Associates, Inc., a not-for-profit corporation under section 501 (c) (3) of the United States Internal Revenue Code, has the support of the Sonia Raiziss Giop Charitable Foundation.

Translation of preface by Sergio Daneluzzi.
Translation of epigraphs by John Taylor.

The author and the translator would like to thank Sergio Daneluzzi and John Taylor for their suggestions about the translation.

Cover photo, *Eclipse*, by Adriano Coppo © 2008.
Author photo by Massimo Dall'Argine, for the exhibition *Parola d'artista* by Marco Nero Rotelli, Milan, 2009.
Book design by Lisa Cicchetti

Library of Congress Cataloging-in-Publication Data

Gabriela Fantato, 1960
The Form of Life: New and Selected Poems 1996–2009
Gabriela Fantato, translated by Emanuel di Pasquale, p. 184

ISBN 978-0-9884787-0-1
1. Fantato, Gabriela—Translation into English
2. di Pasquale, Emanuel, 1943– II. Title

Manufactured in the United States of America by Thomson-Shore, Inc.

First Edition 2013

Chelsea Editions
Box 125, Cooper Station
New York, NY 10276-0125

www.chelseaeditionsbooks.org

I would like to thank Alfredo de Palchi for his confidence.

Ringrazio Alfredo de Palchi per la fiducia.

—G. F.

CONTENTS

PREFACE

Closed Spaces and Wide Openings of the Imagination Notes on the Poetry of Gabriela Fantato

In the poetry of Gabriela Fantato one can observe a paradox of sorts, and that is the presence at the same time of closed spaces—and thereby of stations, subways, "caverns and shadows" ("The Subterranean City"), streets which appear to contract and grow paler with the passing of time, breaking an old covenant, rooms on which a clot of hurt and solitary memories weighs, shadows that cut, skies that slide through the window bringing with them (as in a hellish circle) wind and the grinding of teeth ("The Southern Door"), nights that besiege the soul with their harsh and obsessive darkness, "sheets / that gather life" ("To Your Delta, IV")—and wide openings of the imagination that suddenly quicken poetic thought. A single instance from her very first collection is included in this anthology: "and beckons a sea from Greece to this *great canal* of mud and memory" ("at the naviglio grande"). If the Naviglio Grande, which flows through Milan and is now mostly covered over by cement, is bound to the ancient geography of canals enclosing the city of Milan, the "sea from Greece" intervenes as a strongly Romantic metaphor (one thinks of Hölderlin's elegies and hymns) to broaden the factual reference, charging it with an anguished oneiric and symbolic dimension. The quotations (from Novalis, Tsvetaeva, and Jaccottet) placed as epigraphs to the book would in themselves suffice to explain how Gabriela Fantato's poetic outlook should never be interpreted in a realistic sense, but rather as a threshold where internal and external meet, where the mutable things of the world are related to the entangled wood of the heart.

The images from the city and from its strenuous and lacerated inhabitants seem then to precipitate—through the sharp and restless loophole of the senses—into the depths of memory and the unconscious. This estrangement from and re-memorization of life's and the world's materials is also demonstrated by the focus on specific particulars, whether of a body or of a place, never on the whole. Particulars in which one often observes something like a clash between the soft and more exposed substance of life and harder, mineral, and glass-like elements: this feeling is confirmed by the insistence of images referring to the original metaphor of the cut, wound, incision, violent tear. As if life were a flash of light chipping the vast expanse of darkness, every one of Gabriela Fantato's lines seems to emerge in labor from the maternal and deceitful substance of darkness, whence everything comes and to which everything is bound to fall again. One will notice how obscurity, darkness and the color black invade both pages and bodies, in fact besieging them ("The Form of Life"); how an underlying fairy-tale layer (the terrible tales of the Grimm brothers, through an expressionistic, visionary reading reminiscent of Chagall) unfolds from images that are only apparently domestic and everyday, as is the mother who "weaves lullabies to the crochet hook" ("only a son"); and how the matter of childhood is never haloed by its mythical charms. It is not by chance that one finds in the dark womb of a restless, changing city—and as if thrown into a continuous becoming that also fundamentally looks backwards to the origins of time and life—the painful icon of the father, to whom two poems are specifically dedicated, the final one being the most moving. Here, paradoxically, death appears to allow for hope of a rebirth, as if it were possible, thanks to it and to the final severing it entails, to leave the past behind. The time comes "to recast / *perimeter and signals*," as the last poem explicitly states; that is, life itself.

Nevertheless, a prolonged farewell to things seems to be present as an original gesture in all of Gabriela Fantato's poetry, which arises from the very perception—not as an exorcism but rather as a tragic acknowledgment—of an irredeemable loss, coeval to birth itself, as if the bright and enchanted appearance of things was already disclosing its cruel law, the sorrow of their end. Only in mythical time do words remain "unharmed" (as we read again in the last section of *At Minimal Distance*: the act of writing carries in itself the sense of the fall, of the banishment from Eden. It is not surprising then that the "soul" itself (a word in sharp contrast with the title), as we read in one of the collection's most revealing poems, "is a kitchen / at seven in the evening, large / and without parapets, / uncontained by the gutter" ("To Your Delta, X"). Still, despite these conclusions, the voices that crowd these poems take it upon themselves continually to *invoke*, *implore*, *narrate*. This could merely be giving in to the Schopenhauerian "will to live," as many passages seem to confirm: "You wanted—to be, nothing else, / an imperative struck by the howl, / written inside time." ("Marina Tsvetaeva, the Last Night"); "finger traced is the blue / this beauty that pierces us / in the voluptuousness that convinces us to live / right down here, here with us in the low sky" ("on sacra avenue"). Or then perhaps, more simply, a confidence in the fact that—in spite of everything—this may be the true end of poetry: to vanquish death by exceeding it, to let things ripen and end as they must: "Things know everything, know / the beginning and the end and indifference. / I listen to them now like a monk, / as you used to." (*At Minimal Distance*, XII).

Giancarlo Pontiggia
translated by Sergio Daneluzzi
Milan, September 2010

Noi siamo contemporaneamente
nella natura e fuori di essa.

Tutto ciò che è visibile è attaccato
all'invisibile,
l'udibile al non udibile,
il sensibile al non sensibile.

Forse il pensabile all'impensabile.

Novalis, *Frammenti*

Ho amato tutto con l'addio.

Marina Cvetaeva, *Il poeta e il tempo*

Compito dello sguardo che s'offusca
non è sognare o piangere, è vegliare
come un pastore il gregge, e richiamare
ciò che rischia di perdersi nel sonno.

Philippe Jaccottet, "Il lavoro del poèta," *L'ignorante*

We are simultaneously
both inside and outside nature.

All that is visible is
attached to the invisible,
the audible to the non-audible,
and the sensible to the non-sensible.

Perhaps the thinkable to the unthinkable.

Novalis, *Fragments*

I have loved everything with a farewell.

Marina Tsvetaeva, *The Poet and Time*

The task of eyes weakening from hour to hour
is neither to dream nor to weep,
but rather to keep watch like a shepherd who calls out
to everything that might get lost if he falls asleep.

Philippe Jaccottet, "The Poet's Task," *The Ignoramus*

da MOLTITUDINE (2001)

from MULTITUDE (2001)

(in viale sarca)

la linea a perdita di sguardo
si dà potentemente grigia
di cubi: facciata d'occhi
senza mani alla finestra

(superficie dissennata
nel ripetersi di case a deserto
in sempre passi, uno su uno
uno su mille: a sorte)

segnato a dito sta l'azzurro
quella bellezza che ci buca
nella voluttà che convince a vivere
proprio qui sotto, qui da noi in basso cielo
dove la vita come aria si consuma
e l'angolo ottuso della visuale
s'affoga da una riva alla prossima piazza

arrabattati ai giorni invochiamo
di nascere al mattino, ogni mattino
nella sapienza della pioggia
a marzo sul tetto che la tiene
finché sarà l'estate a prenderla con sé
e stiamo tutti qui, qui buoni in riga
come infilati a tubo nel morire

(on sarca avenue)

as it fades, the blurred line
becomes strongly gray
with cubes: a wall of handless
eyes at the window

(insane surface
in the repetition of desert-like houses
step after step, one over the other
one in a thousand: at random)

finger traced is the blue
this beauty that pierces us
in a voluptuousness convincing us to live
right down here, among us humans in the low sky,
where life like air is consumed
and the obtuse angle of our glances
chokes from a shore at the next square

striving during the days we invoke
being born in the morning, each morning
in the wisdom of the rain
of March, on the roof which holds it
until summer comes to take it away
and we all stay here, stand right in line
as if stuffed in a tube to keep dying

(figlia di un giorno)

la bambina siede all'incrocio aperto
ai tubi profondi e gocce salate,
siede al silenzio intubata
appesa in un filo di zucchero
(il *lupus* le ha preso la faccia
quella tonda *piega-bambina*
mentre si gonfia il cervello di stelle)

resta soltanto sua madre a cantare
la notte, inventando acini dell'uva
matura come l'estate di allora
come l'arte antica che fa
lotta e amore ricomposti in carezza
e forse qualcuno nel letto sul fondo
le vede le lucertole veloci
al ciglio di quel viaggio salato
traiettoria sottile o rimbalzo di tempo

(daughter of a day)

the girl sits at the crossroad open
to deep tubes and salted drops,
sits intubated in the silence,
hung in a string of sugar
(the *lupus* has taken her face
round as a circle
while her brain swells with stars)

only her mother remains to sing
the night, inventing ripe grape
clusters like the summers of long ago
like the ancient art that
reconfigures struggle and love through caress
and perhaps someone on the furthest bed
sees the quick lizards
at the edge of the salted voyage
subtle trajectory or rebound of time

(al naviglio grande)[*]

aspetta quel vecchio seduto
un'onda che arrivi in quest'acqua salvata
e chiama un mare di grecia
al *naviglio grande* di fango e memoria
(quell'impasto di sguardi traditi)
implora il vento che porti l'incanto
del viso di lei nel profilo
e cerca con occhi da cieco la sola
che strappava di baci il futuro
(quella luce abbracciata nel collo)

insegue il passo dove è slittata
all'addio segnato nel punto
più chiaro degli occhi
quasi un lago largo nel mondo
(quel tempo tenace d'amore)
ma le gambe non tengono il fiato
(al centro uno strappo sottile
sale piano e lui la raggiunge
proprio dove non diresti)

* Il *Naviglio Grande* è un corso d'acqua, ora in gran parte coperto con il cemento, che attraversa Milano

(at the naviglio grande)*

sitting that old man waits
for a wave to come into this rescued water
and beckons a sea from Greece
to this *great canal* of mud and memory
(this mixture of betrayed glances)
implores the wind to bring the enchantment
of her face in profile
and searches with blind eyes the only
one who stole the future of kisses
(the light that was embraced on the neck)

chases the road where she is sliding
to the goodbye marked in the clearest
spot of the eyes
almost a large lake in the world
(that tenacious time of love)
but his legs can't keep up with him
(at the center a thin slash
slowly grows larger and he reaches her
right where you cannot say)

* The Naviglio Grande is a canal that flows through Milan; it is now mostly covered over by cement.

(paolo pini, 1974)*

quei visi e le bocche oltre un vetro
(sento il caldo ammassato dei corpi
uno su altro, uno su uno
indifferente e la vita li stringe)
lontano c'è un cranio di donna
sembra una nuvola gonfia che piange
(la ruga di lato dice tristezza d'infanzia)

s'alzano canti d'eterno in rantoli bui
mentre la saliva tenta di legare
suoni a cose, tenta il bianco e frana

striscia un vocio pietroso come biglie
bambine su sassi, come un cane
alla porta che raspa l'entrata
(il passo d'esilio e d'uscita)
quelle teste lisce oscillano
il vuoto pulito dei camici, contato
di cicce spente una su una, una su altre

resto fuori, al silenzio impigliata
e ai bordi le sillabe di sempre
tangibile certezza, nemmeno mai compresa

---

* Il *Paolo Pini* era un famoso ospedale psichiatrico di Milano, ora chiuso da anni trasformato in centro culturale.

(paolo pini, 1974)*

those faces and mouths beyond a windowpane
(I feel the amassed heat of the bodies
one on the other, one on one
indifferent and life holds them tight)
far away a woman's cranium
resembles a swollen weeping cloud
(the wrinkle on the side tells of childhood sadness)

hymns of eternity rise in dark gasps
while the saliva tries to tie
sounds to things, tries to write down something and collapses

a stony shouting crawls like billiard balls
little girls on rocks, like a dog,
at the door, scratching the entry
(the road of exile and the exit)
these smooth heads oscillate
the clean emptiness of the shirts, counted
by cigarette butts bunched up on each other

I stay outside, entangled in silence
and at the edges the usual syllables
a tangible certainty, never ever understood

---

* The Paolo Pini was a famous psychiatric hospital in Milan; now closed for many years, it has been transformed into a cultural center.

(incontro la mattina presto)

era sul ciglio della strada
quella donna in guanti giallo girasole
e non aveva altro che le mani
a dire la sua storia rimasta tra i fili
della borsa o chiusa al fondo, al foro
che il giorno scava senza fretta

se lo portava dentro tutto curvo
quel suo sacco di ore
tra le crepe delle guance e nelle labbra
i mille racconti salvati alla caduta
(una riga appena, appena un ponte
tra oggi e quel prima di ragazza)

veniva avanti con il latte sottobraccio
nell'azzurro smorto milanese
in un giorno avvelenato o vero
poi s'è voltata, ha riso appena
(non si sa a chi) ma ho visto
una lucertola affacciata
                                        verde dal rifugio

(a meeting in the early morning)

on the edge of the road
that woman in sunflower-colored gloves,
and she had nothing but hands
to tell her story trapped among the threads
at the bottom of her shopping bag, in the hole
the day digs without hurry

she carried that completely curved
bag of hours inside,
between the cracks of her cheeks and on her lips
the thousand stories saved in the fall
(just one wrinkle, just a bridge
between today and her young years)

she came forward with the milk under her arm
in the wan Milanese azure
on a poisoned day or a true one
then she turned, almost smiled
(I don't know at whom), but I saw
a lizard looking outside,
                              green, from its hole

(e ci tiene stretti)

il mondo sempre lancia presagi e noi
prede del dubbio (presuntuosi eroi)
andiamo ottusi come il pesce
vuole l'amo che lo taglia
e ancora l'abitudine alla vita
c'innamora e la notte
saliamo a prua ma il viaggio
sfugge in rimandi ogni ora più ampi
più a sud della notte
(largo, sempre più largo è il capogiro
alto a segnare le traiettorie)

basterebbe uno slancio in avanti
un passo basterebbe alla vita
e scorre il giorno al delta
(restano attimi lisci come pietre
salmastre nel fiume che le copre)
domani avremo sguardi a gancio
indietro il battito del cuore
(insostenibile ci teneva la sua fune)
eppure, eppure si va . . .

(and it holds us tightly)

the world always hurls out presages
and we presumptuous heroes, prey to doubts,
go on obtuse like fish
who want the hook that cuts them
and still the habits of life
make us love it and at night
we climb to the prow but the voyage
slips away in deferments
that grow longer every hour
more to the south of night
(wide, always wider is the dizziness
high enough to signal the trajectories)

a forward slant would be enough
a step would be enough for life
and the day rushes to the delta
(instants remain slippery like brackish
stones in the river covering them)
tomorrow we will have hooked glances
slower the beat of the heart
(unsustainable, the rope held us)
still, still—we go on . . .

(fiaba di una bambina e della sua capra)

a M. Chagall

sul tetto di casa la capra
appuntiti gli sguardi e lasciati i passi
nel prato, s'incammina alle stelle
di lato Alfonsine ruota sui tacchi
la sua giostra bambina, in occhi spalancata
(in verticale perde ogni ora peso
si libera da terra appena un po'
e s'inselva nella voce)

quando nessuno più la cerca
stende una fune tra quaggiù
e un gancio sulla luna
lancia un sorriso al mondo e sale
contando le ore perse tra i fili d'erba
nel bianco enorme delle margherite

(fairy tale of a little girl and her sheep)

to M. Chagall

on the roof of the house the sheep,
having focused its sight and left its steps
in the meadow, heads for the stars
from the side Alfonsine wheels on the heels
her baby merry-go-round, her eyes wide open
(vertically, every hour she loses weight
she frees herself from the earth just a little
and her voice grows wild)

when no one looks for her any longer
she extends a rope from here
up to a hook on the moon
throws a smile at the world and rises
counting the lost hours among the leaves of grass
in the vast whiteness of the daisies

(soltanto un figlio)

come una sete grande
cerca spazio dentro la gola
siede la donna alle sue pieghe,
ai lati del lenzuolo vuoto
e tesse cantilene all'uncinetto
chiamando piano quel fagotto
di echi e voce — figlio suo e del vento

come di fame avvolta,
senza che mai la sazi un pane
aspetta nell'angolo dove ha seduto anni
(*del silenzio nutre quell'abbracciare*
quel tanto vorticare a notte)
e invoca ancora alti gli dei
mentre il giorno passa lento
come quasi un anno fa

(only a son)

just as a great thirst
seeks space inside the throat
the woman sits on her creases
on the sides of the empty sheet
and weaves lullabies to the crochet hook
quietly calling that bundle
of echoes and voices her son and the wind's

as if overwhelmed by hunger,
with no bread ever filling her
she waits in the corner where
she sat for years
(*that embracing feeds on silence*
all that nightly vortex)
and still invokes the high gods
while the day slowly goes by
almost as a year ago

(presagio nella notte)

nera è la città come la notte
che tutte le strade abbraccia,
ma indietro deve tornare l'uomo
al grumo, a quella casa
che nido lo teneva tra le ciglia
(stretto è il viaggio e gli occhi colmi)
oltre la porta chiusa lui deve tornare
nella stanza, tra le lenzuola
bianche di bucato e amore

(là dorme quel visetto strano
e più non cresce,
l'uomo gli bacia gli occhi belli
anche le labbra
— bianco è tutto il piccolino)

ora è tempo di portarlo in cima,
al vento in corsa verso l'addio
e già signora morte lo danza
intero il viaggio con tutta la sua corte
e buio è il letto, colmo d'occhi

(presage in the night)

the city is black as the night
that embraces all the streets
but the man has to return
to the clot, to that house
which held him between the eyelashes like a nest
(tight is the voyage and the eyes full)
beyond the closed door he has to return
to the room, among clean white sheets
and love

(that strange little face sleeps there
and it no longer grows,
the man kisses the lovely eyes
even the lips
—the little face is all white)

now is the time to bring him to the peak,
to the wind running towards the goodbye
and already lady death dances
the entire voyage with all her court
and dark is the bed, full of eyes

(il colore stellare)

a Milo De Angelis

davanti al gran silenzio
lei ha pettinato la sua voce
per essergli bella di domenica
come una frangetta bambina a comunione
(come quella luna a punta
che una notte le scese tra le dita)

davanti alla sua casa l'ha cercato
in salita ripetuta di gradini
lassù, lei ha saputo per la prima volta
le pareti strette e asciutte
di quell'essere ospite in destino
quel suo abitare questa poca vita
e per quella casa scarna
e per quelle olive con il vino é ritornata
(al riflesso dei saluti è stata,
dei sempre rimandati, mai trovati
come chi sta ancora sempre per andare)
al dunque è ritornata e lo ha visto
semplice come la piazza
proprio qui, davanti a questa casa
eppure in viaggio: *passo verticale*

(stellar color)

to Milo De Angelis

facing the great silence
she combed her voice
to be lovely for him on Sunday
like a girl with bangs at communion
(like the sharp moon
that one night descended between her fingers)

facing his house she searched for him
re-climbing the steps many times
up there, she knew for the first time
the tight and dry walls
of being guest to that destiny
his living this life on the cheap
and for that meager house
and for these olives and wine she returned
(she agreed with those greetings
always deferred, never found
like one still always ready to leave)
at the right time she returned and she saw him
right here, facing this house
but on a journey: *vertical step*.

da GEOGRAFIE A NORD (2000)

from NORTHERN GEOGRAPHY (2000)

verso la piazza

era il tempo che il vecchio
aveva le gambe sue nude
appese alla piazza del Duomo
e chiedeva due soldi qualsiasi
(la pietà mostrava
e la mano come un nodo impigliato
alla giacca che lega alla casa)

era il tempo che i capelli dei ragazzi
si sfogliavano a mazzi
quasi grano secco all'inizio dell'anno
o pietra coperta di sale
(e i ragazzi, tutti i ragazzi
cercavano ma senza bocca e respiro)

era il tempo che fu notte improvvisa
e fu rosa la piazza allagata
laggiù, proprio alla pancia
che girata stava: piegata
(quasi come distratta nel morire)

toward the piazza

it was the time when the old man
had his naked legs
hanging from the piazza of the Duomo
asking for some change
(he was the image of pity
and his hand like a knot entangled
in the jacket binding him to the house)

it was the time when the boys' hair
shed in bunches
like dry corn at the new year
or stone covered with salt
(and the boys, all the boys
were searching, but mouthless, breathless

it was the time when night fell suddenly
and the flooded piazza down there was
pink, right at the belly
turned to the other side: bent
(almost as if careless in dying)

dal sesto piano

era un male di luna
quel passo lasciato indietro
fermato sul vortice di seta
al ballo stretto in sorriso

era un attimo bianco
quel per sempre fermarsi
nella poltrona in salotto scordata
nel centro di tutta la vita

era stata solo nera
quella notte che lei lo portò
in spalla su, su il suo bambino
mentre bevendo il cielo
nel salto (nel volo)
raccontava un'altra storia
in *volants e sottogonna*

from the sixth floor

that step left behind
was a moon of sickness,
stopped on the silken vortex
at the dance held tight in a smile

it was a blank instant
that was always getting stuck
on the sofa in the living room forgotten
in the middle of her whole life

it had been only black
that night when on her shoulders
she carried her baby boy up, up
while drinking the sky
leaping (flying)
she told another story
in *ribbons and nightgown*

strade segnate a piedi

l'orecchio ormai si è fatto cavo
senza suoni al mondo
dentro a questo tempo
che chiama i lupi a cerchio
che tutte alzano le zampe
fremendo di calore

nel bosco delle strade di milano
ho perso ormai tutti i miei pezzi di pane
lasciati nelle tasche
dell'ultima giacca a primavera
(in mano tengo la guida muta
per geografie del nord appese al cuore)

streets etched by footsteps

without sounds in the world,
the ear has gone deaf
in these times
calling the wolves to circle
when quivering from the heat
they all lift their paws

in the wood of the streets of Milan
I've already lost all my bits of bread
left in the pockets
of the last jacket in spring
(in my hand I hold the silent map
of northern geography hung on the heart)

stazione centrale

in questa *marrakech* d'occhiali e treni
scorrono voci per l'uscita
che non c'è e l'entrata è nelle spalle
su quei lustrini a mazzi
travolti dentro ai non trovati passi

(il buio sta aperto a intermittenza
di bocche e santi
coi bambini-belli ingoiati nel metrò
che al viaggio spinge e chiama navi
su quei *foulards* tra cani in corsa)

ogni mercante è un balzo
oltre la meta, ma al prossimo
un stella aguzza compero
nell'angolo ultimo e infinito
e il dopo resta solo
una piega nel vagone

central station

in this Marrakech of eyeglasses and trains,
voices flow, asking for an exit that isn't there,
and the entrance is in the shoulders
on those sequins in bunches
run over by the unfound steps

(the darkness stands intermittently open
by mouths and saints
with beautiful babies swallowed by the metro
hurrying them on the journey and asking for ships
and racing dogs on those *foulards*

each merchant is one jump beyond
the finish line, but next time
I'm buying a jagged star
in the final, infinite corner—
and the rest is only
a wrinkle in the wagon

sullo sfondo

ai miei genitori

vi ho visti svanire piano, piano
contro il bordo del tavolo in cucina
perduti nella stanza dilatata
girando la minestra con la zucca
(solo restano le risate di mia madre
ragazza di trent'anni che mi culla)

adesso tutto scorre nella scia
su marmo lucido all'entrata
tra i solchi di piastrelle
giocando a nascondino
. . .
e restano labbra appena, appena aperte
a invocare il bacio, quell'incontro
e fuori è già il giorno che ci fugge

in the background

to my parents

I saw you fade away slowly, slowly
against the edge of the kitchen table,
vanish in the expanded room
while stirring the pumpkin soup
(only my mother's laughter remains,
that thirty-year-old girl cradling me)

now all is running in the wave
of the shining marble in the entry
between the tiles,
playing hide-and-seek
. . .
and lips remain open, barely open
invoking a kiss, that encounter,
and outside, the day is already slipping away

risate nella notte

la tavola sopra lascia
che il vino leghi labbra alle parole
e amici spalla a spalla
ma sotto, proprio là tra il buio
si aprono promesse
tra pelle e gambe e ossa conficcate
che il passo asciutto
conosce nelle scarpe quel limite,
bordo che intero unisce
bene e male: al centro
dove il silenzio inventa la paura
dove scordo le frane della vita
. . .
e intanto le risate della notte
si sfanno a una a una senza amore

laughs in the night

the table above lets
the wine combine lips to words
and friends shoulder to shoulder,
but below, there in the darkness,
promises open themselves
among skin and legs and pointed bones
that the lean step knows
in the shoes, that limit,
that edge fully uniting
good and evil: at the center
where silence invents fear
where I forget the landslides of life
. . .
meanwhile, the laughs of the night
unravel themselves one by one without love

viaggio sui sassi

vivere sui sassi è l'arte dei muschi
che stanno appesi al bordo
dov'è tagliente il passo al dopo
(attorno bambini di pochi anni
hanno doni, troppi doni tra le mani
fatte presto adulte di parole)

gli altri aspettano a riva che il giorno
si allarghi e porti vento
come marzo che dà fine al partire
dell'inverno, poi l'estate viene
a scordare l'ustione della vita
e ancora si corre al delta

voyage upon stones

to live upon stones is the art of the moss
that hangs onto the edges
where the step beyond is sharp
(young children about
have gifts, too many gifts in their hands
soon grown up with words)

ashore the others wait for the day
to broaden and bring wind
like March that ends
winter's leaving, then summer comes
to forget life's burn
and once more one rushes to the delta

da LA PROFEZIA ERA IL MARE (2006)

from THE PROPHECY WAS THE SEA (2006)

Al tuo delta*

a mio padre

I.

Sei venuto a Milano nel '31,
un colpo sulla nuca per saluto
e nelle spalle le sagome di chi
si è fermato qui a dire
il canneto che trema ad ogni inverno
e svanisce linea nel suo bianco.

La tua forza è ancora la palude
molle ai polsi che difende
e ingoia i giorni.
Vengo da te, ascolto l'acqua.

I pioppi indicano una geometria
di rimandi tra la casa
e una chiglia lenta nell'addio.
I resti sono un bosco fragile e
la guerra che ti ha stretto le ginocchia
così veloci nel passare.

---

* Come Delta si intende la zona della foce del fiume PO, dove mio padre era nato in piccolo paese, Lendinara, nel 1928.

To Your Delta*

for my father

I.

You came to Milan in ’31,
a smack on the skull as a welcome
and on your shoulders the shape of a man who
stopped here to tell of the reeds
trembling every winter,
their lines disappearing in its whiteness.

Your strength is still the soft
marsh at the wrists that defends
and swallows the days.
I come to you, listen to the water.

The poplars lead to a geometry
of returns between the house
and a keel slow in its goodbye.
What remains is a fragile wood and
the war that bound your knees
so quickly in their passing by.

---

* Delta refers to the mouth of the river Po, where the poet’s father was born in a small town, Lendinara, in 1928.

II.

Ti ho portato dove non volevi,
ti ho portato a questo delta
dove sei nato.
Qui gli ombrelloni sono vento
e il mare una sterpaglia,
nessuno disturba il sole nel suo cielo.

Non ci sono passi, solo orme di cani
in corsa e un tempo assetato di racconti.
Sulla riva una scarpa, un guanto
senza più le dita.

Le cose rotte si radunano qui,
— fanno una casa per metà vera,
per la notte senza stelle.
Una casa di sale,
sanno l'inizio del viaggio e l'acqua
testarda nel togliere e dare.

Le anguille non le vedo,
si agitano prigioniere al largo
come i sogni.

II.

I took you where you didn't want to go,
I took you to this delta
where you were born.
Here beach umbrellas are wind
and the sea is scrub,
no one disturbs the sun in its sky.

No footsteps here, only the paw prints of dogs
running and a time thirsty for tales.
On the shore a shoe, a glove
with no fingers left.

Broken things gather here
—they make a half-true home
for the starless night.
A house of salt,
they know the start of the journey and the water
stubborn in the taking and giving.

I cannot see the eels,
prisoners writhing off the coast
                    like dreams.

III.

Nella sabbia siedono larghe le ore
legate alla terra.
Resto a guardare come se il tempo
fosse qui salvato, mai stato nello strazio.
Dico — *oggi*, dico *sempre*
ma il nome è uno scricchiolare,
un inseguire che cosa mai?

Lungo il mare una bambina attende
l'infanzia che la fugge
senza la pietà di chi ci lascia
con un bacio.

Sì, anche lei sarà frumento,
sarà mucchietto di anima e pelle
nel groppo della gola
e così sparita la vita che era niente,
un debole indizio nella tasca.

Verrà l'inverno a consolare
questo sudario di sabbia.
Verrà la pazienza dell'acqua,
segreto raccolto dentro i fianchi.

III.

In the sand sit the wide hours
bound to the earth.
I stay and watch as if time
had been saved here, had never been in anguish.
I say—*today*, I say *always*
but the name is a crackle,
a following of what?

Along the sea a little girl waits
for childhood to flee her
without the pity of those who leave us
with a kiss.

Yes, she will be wheat as well,
a little heap of soul and skin
in the lump of the throat
and the life that was nothing—vanished like that,
a frail clue in the pocket.

Winter will come to console
this sandy shroud.
The patience of water will come,
a secret harvest within the hips.

IV.

E' un punto ultimo, mi dici,
tempo di semina e raccolta.
Il tempo dell'attesa
nel rabbrividire delle stagioni.

Nei depositi bassi della mente
il Po si getta sempre mare
e le formiche scendono nel foro.

Certo, in fin dei conti siamo
punti di una retta
— *cantilena della specie*
e il giorno ci appartiene
nella pietà di viverci figli
e rinascere padri e madri.

Laggiù il castoro fa la tana con cura
per le minime ore della riproduzione.
Dovrei aspettare, come fa il sole.

Tu resti al tuo delta, muso nell'erba
e la pazienza contro l'argine che cade.
Io scivolo bocconi tra le lenzuola
che raccolgono la vita,
la morte appena sfasata.

IV.

It is a final point, you tell me,
time to seed and harvest.
The time to wait
in the shivering seasons.

In the deep repositories of the mind
the Po pushes on into the sea
and the ants descend into the hole.

Surely, in the end we are
points on a line
—*lullaby of the species*
and the day belongs to us
in the pity of living as sons
and being reborn as fathers and mothers.

Down there the beaver builds its nest with care
for the minimal hours of reproduction.
You will have to wait, as does the sun.

You stay in your delta, your snout in the grass,
your patience against the falling embankment.
I slide prone between the sheets
that gather life,
death barely out of step.

V.

La strada è breve tra qui e la città
— *vorrei il buio più buio*,
saprei il respiro nei polsi
e il vento che si fa preghiera.
Attorno le reti appese senza pesci
a fermare il buio.

Lisciati a coltello dalla gente di Goro*
i legni si alzano in un'attesa
che sbarra la notte.
Le chiglie hanno nomi dolci di donne,
sanno l'addio.

Le anguille sono più in là,
nel punto dove il fiume si fa orizzonte
e curva, al centro.

---

* Goro è' un piccolo paese del Veneto, nella zona del Delta del fiume Po.

V.

The road between here and the city is short
—I would like the darker darkness,
I would thus know breathing in the wrists
and the wind that becomes prayer.
All around, there are hung nets without fish
to stop the dark.

Polished with knives by the people of Goro*
the woods rise in a waiting
that bars the night.
The eyelashes have the sweet names of women;
they know goodbyes.

The eels are farther out,
at the point where the river becomes horizon
and curves, at the center.

---

* Goro is a small town in the Veneto, in the Delta zone of the river Po.

VI.

Adesso lasci scorrere i giorni,
senza più rabbia.
Hai scelto la pazienza che cresce
e si piega al vento.
Sai il tempo che ti ha dato e ora toglie,
senza domande.
Anch'io ho imparato a germogliare
nel silenzio,
faccio i nodi ai giorni e così
verrà la fine senza male.

Nel servizio mite della cura
chiudi le lacrime,
io vedo il bosco cresciuto selvatico
dentro la pupilla.

VI.

Now you let the days run by,
without any more anger.
You have chosen the patience that grows
and bends to the wind.
You know the time it has given you
and now takes away,
without questions.
Even I have learned to blossom
in the silence;
I knot the days and this way
the end will come without pain.

In the meek service of the cure
you shut off the tears;
I see the wood grown wild
inside the pupil.

VII.

Aironi, storni e pernici si fermano qui
e fanno una casa di fili, sterpi
e pietra *dentro l'alluvione*,
inventano il sole che toglie l'inverno
e chiamerà i ricordi.
Proprio come noi *nel tanto che non tiene*
in bilico su una sola zampa,
resistiamo.
E' questa la tenacia della gioia?

Coltivo una radice,
la dolce vita vegetale
nella lentezza della meraviglia.
Qualcuno domani, forse . . .
o solo sarà più estesa la pianura
e alti i prati, inverosimilmente alti.

VII.

Herons, starlings, and partridges stop here
and make a house of threads, twigs,
and rocks *inside the flood*;
they invent the sun that takes away the winter
and will beckon to memories.
Just like us *in the plenty that does not hold*
equilibrium on a single claw,
we resist.
Is this the obstinacy of joy?

I cultivate a root,
the sweet vegetable life
in the slowness of wonder.
Someone tomorrow, perhaps . . .
or the plain will only be wider
and the meadows high, incredibly high.

VIII.

Davanti alla palude una veranda
e sedie vuote
a declinare gli anni e un nome.
Nell'hotel il tetto è crollato
e si afferra sabbia, prima di svanire.

Il nero ai muri segna la linea del fuoco,
strappo esatto prima della festa.
Il vento domani porterà ogni cosa
sul fondale.
L'acqua si concede memoria
nello sprofondare.

Un vecchio avanza nel canneto
dove il fiume smangia le ore
— la parola *mare* è liquida
e dolciastra.
Avanza piano l'uomo,
punta le onde con il remo.

Lascia la lenza appesa a una sedia
quasi solo per non dimenticare
                                        la gioia.

VIII.

In front of the marsh a porch
and empty chairs
to state the years and a name.
Inside the hotel the roof has collapsed
and one grabs sand, before vanishing.

The black on the walls marks the line of the fire,
a perfect rip before the feast.
Tomorrow the wind will bring everything
to the seabed.
Water allows itself memory
during the drowning.

An old man advances in the cane thicket
where the river eats away the hours
—the word *sea* is liquid
and sweetish.
The man advances slowly,
points at the waves with his oar.

He leaves the line hanging on a chair
almost only not to forget
                                        the joy.

IX.

Questa tenerezza di passi
somiglia a quella barca al molo,
ricordi? un anno fa,
          — *piccola mary* si chiamava,
la chiglia buona di ciliegio,
ma il fondo, proprio il fondo,
senza forza tra la riva e un azzurro
                                        dentro gli occhi.

Solo ragni piccoli, infiniti, stazionavano
certi di avere lì facile dimora,
sicura la salvezza.
La libero dal male? ti chiesi piano
e il mare le diedi con un gesto,
ma il ventre troppo docile non resse
la ferita sulla cima.

S'aprì netta, fatale nella corsa

IX.

This softness of footsteps
resembles that boat at the pier,
remember? a year ago,
        —*little mary* it was called,
the keel made of good cherry wood,
but the bottom, the actual bottom,
listless between the shore and an azure
                                        inside the eyes.

Only tiny infinite spiders were certain
of having found there a perfect abode,
their safety assured.
Should I free the boat from pain? I quietly asked you
and I gave it to the sea in one shove,
but the too docile belly couldn't bear
the wound at the top.

It opened fully, fatally in the race

X.

A Volano[*] la pineta cresce decisa fino
al mare, avanza.
Pini di mare, felci e capraggine
si ancorano all'acqua,
sanno la terra e il suo sale.
Si alzano nel bianco.
I colori li conosco, non fanno male,
rassicurano come un viso conosciuto.
I segni parlano quando non c'è nessuno,
bisbigliano per il dopo.

Siedo a riva come fosse domenica,
una pace breve senza il calendario
e l'anima è una cucina
alle sette di sera, larga
e senza parapetti,
senza la grondaia a contenerla.

Negli occhi una certezza,
la grazia semplice del ritornare

---

* Volano è un piccolo paese del Veneto, nella zona del Delta del fiume Po.

X.

Near Volano,* the pine forest grows right out
to the sea, advances.
Sea pines, ferns and goat's rue
are anchored to the water;
they know the earth and its salt.
They rise into the whiteness.
I know the harmless colors,
reassuring like a known face.
The signs speak when no one is there;
they whisper for what comes next.

I sit at the shore as if it were Sunday,
a brief peace without the calendar
and the soul is a kitchen
at seven in the evening, large
and without parapets,
uncontained by the gutter

In the eyes a certainty,
the simple grace of returning.

---

* Volano is a small town in the Veneto, in the Delta zone of the river Po.

XI.

Nella spiaggia così semplice di luglio
è bianco il sole, tutto nei contorni.
I bambini hanno le labbra rosse,
senza morso e giocano ai castelli.
C'è anche una finestra
dove appendere i sogni.

Siamo così simili in questa
luce che sfianca e taglia l'ombra.
Siamo diversi prima e dopo il dolore?
Non so, ricordo il grido,
il primo giorno di un bambino.
Nient'altro.

XI.

On the simple July shore,
the sun is encircled in white.
The children have red lips,
don't bite and build castles.
There's even a window
on which to hang dreams.

We are so similar in this
light that rips open the shadow.
Are we different before and after the pain?
I don't know. I remember the scream,
the child's first day.
Nothing else.

XII.

Sei attento ai particolari,
cerchi i frammenti per dire l'intero
dentro gli occhi.
Sai sempre il nome delle cose,
sai l'arrivo e la sconfitta.

Io non ho mai visto Lendinara,
la strada asciutta che va a Fratta Polesine.*
I miei legami.
Conosco le voci, l'eco della palude
— la profezia era il mare,
l'ho scordato e tu non vuoi dirmi
cosa è stato della casa.

Restano i miei amuleti,
amori per non dimenticare
e questa sabbia . . .

---

* Lendinara e Fratta Polesine sono due piccoli paesi molto vicini, in Veneto, nella zona del Delta del fiume Po, dove nacque mio padre.

XII.

You are alert to particulars;
you search for the fragments to say it all
inside the eyes.
You always know the names of things;
you know the goal and the defeat.

I have never seen Lendinara,
the dry road that goes to Fratta Polesine.*
These are my ties:
I know the voices, the echo of the marsh
—the prophecy was the sea.
I have forgotten it, and you don't want to tell me
what happened to the house.

My amulets remain,
things to love so as not to forget,
and this sand . . .

---

* Lendinara and Fratta Polesina are two small towns located very close to each other, in the Veneto, in the Delta zone of the river Po, where the poet's father was born.

da IL TEMPO DOVUTO: POESIE (1996–2005)

from THE GIVEN TIME: POETRY (1996–2005)

La città sparita

Forse è sparita nel cappotto
o in sandali d'estate
la strada che teneva stretta
l'infanzia nel cuscino.
Non c'è più l'acqua dei navigli dove
ci s'incontrava a notte
in un presente tutto da smontare.

E' l'insonnia a riparare il danno?

Resta la fine intuita nei reni,
— attesa nell'asfalto che pulsa l'andata
e sempre un ritorno
                                        ci attende.
Una traduzione lenta
di ombre in corpi
mi restituisce i bordi del mattino
tra i platani magri.

Un cielo senza rughe non sa
                                        la differenza.

The Vanished City

Perhaps it vanished in the overcoat
or in summer sandals,
the road that held childhood
tightly in the pillow.
No more water in the Navigli where
one met at night
in a present that would be fully dismantled.

Is insomnia a way to heal the damage?

The end remains intuited in the loins
—waited for in the asphalt that throbs with the departure
and always a return
                                        awaits us.
A slow translation
of shadows into bodies
gives me back the edges of morning
between the thin plane trees.

A sky without wrinkles does not know
                                                        the difference.

Una mattina di nebbia

Torna ancora una mattina di nebbia,
ogni bocca assomiglia
a un paese dove correvano i bambini.
Nei cortili qualcuno spera
guarigioni, il tempo che si riga
tra i fili della biancheria.

Mia madre ha ancora
il suo sorriso di ragazza
spalancato nell'addio.
Un tempo ci assomigliavamo
— *occhi sgranati nella festa*
e la durezza di Milano.

Oggi il bianco affoga tutto il male
dentro ai gradini.
Inseguo il coraggio della pietra,
il poco che resta.
Le labbra sanno intatto
il perdono.

A Foggy Morning

Once again, a foggy morning returns;
every mouth resembles
a country where children used to run.
In the courtyards, someone hopes for cures,
for those days dashing
between the laundry lines

My mother still has
a young girl's smile,
widening into a goodbye.
Once, we looked alike
—eyes wide open in the revelry
and hardness of Milan.

Today, the whiteness chokes all evil
inside the steps.
I follow the courage of the stone,
the little that remains.
The lips know forgiveness
is intact.

In memoria

Accadeva un pomeriggio
nello sbiancare del grigio.
Il balzo, poi nulla.
Una schermaglia e l'aria la prendeva
— lei scende.
C'era quel rosso del vestito
nel vorticare e il rosso, dopo.
Sangue e le braccia a croce.

Non lo dire a tua madre, bisbigli,
non farle capire quel tonfo,
    la morte è una divagazione
dentro la logica dell'anno.

Nascondo la crepa dentro al cassetto
delle stoviglie e il dolore sa le sillabe
e il rosso.
L'eversione è non urtarsi,
fare piano
        con la punta del coltello.

Remembrance

It happened one afternoon
as the gray was whitening.
The leap, then nothing.
A scuffle and the air took her
—she drops.
There was that red from the suit
in the spinning and the red, afterwards.
Blood and outstretched arms.

Don't tell your mother, whispering,
don't let her understand that thump.
    death is divagation
inside the logic of the year.

I hide the crack inside the dish
cupboard, and the pain knows the syllables
and the redness.
The subversion lies in not hurting,
in pushing slowly
            with the knife-point.

La porta a sud

Bisognerà rifare i conti,
quel battere preciso
dentro gli anni e la ferita.

Adesso la finestra sta aperta
il cielo scivola dentro,
porta il vento
e uno stridere di denti.
Attorno il confine si è fatto
coro — lingua di molte voci,
stanze nella promessa di una terra.

Bisognerà ascoltare l'allarme
tra un abbraccio e la paura
dentro la ninna-nanna.

Al centro — non più un tavolo
e piatti bianchi per l'abbraccio.
Senza la porta,
il confine segna il sud da dove
viene il mare e la storia,
quel muoversi di sogni
nel passare.

The Southern Door

We'll need to reconsider
that precise beating
inside the years and the wound.

Now the window stays open,
the sky slips down inside,
bringing the wind
and a grinding of teeth.
Around the boundary a choir
has grown—a multitude of voices,
rooms in a promise of earth.

It will be important to listen to the warning
between an embrace and the fear
inside the lullaby.

At the center—no longer a table
and white plates for the embrace.
Without the door,
the boundary signals the south from where
come the sea and history,
that movement of dreams
passing by.

da CODICE TERRESTRE (2008)

from TERRESTRIAL CODEX (2008)

Canto per Galileo

I.

Guarda, si è alzata pezzo su pezzo
la certezza di arrivare a nord.
Si vede l'alba lunga del polo
e l'occhio afferra l'orizzonte,
lo fa suo.

L'asfalto è irto di carichi
e pendenze.
Nessuno prova la tenuta del disegno,
taglio esatto, a perpendicolo
sul respiro.

Le nuvole stanno nella luce
che non smette,
i grattacieli intimano
ragioni su ragioni.
Tu tieni strette
le notizie della vita,
io ho solo il bianco per sentire
la gioia che manca.

Tremano le stanze dentro la tovaglia,
la cena è allarme
nella grazia del dimenticare.

Song for Galileo

I.

Look, it has risen piece by piece,
the certainty of having reached the north.
The long pole-drawn dawn appears,
and the eye captures the horizon,
makes it its own.

The asphalt is crammed with loads
and declivities.
No one tests the value of the design,
exact cut, perpendicular
to breathing.

The clouds stay in the never-
ceasing light;
the skyscrapers intimate
                    reasons over reasons.
You hold on tightly
to the news of life;
I have only the whiteness to feel
the missing joy.

The rooms inside the towel tremble,
dinner is alarm
in the grace of forgetting.

II.

Cerco la chiave dello smottamento
          — *il foro dentro le parole,*
eppure l'Orsa è ancora in cielo
e l'undici d'agosto cadranno
lunghe le stelle come un pianto.

Tutto è inciso nel disegno,
ma il cielo non ha scampo
          — la ragione strappa l'azzurro.
Qualcuno va dove non vede,
uno acceca chi alza la testa,
fragile nel bianco.

O tempo, perduta immobilità
di un sogno che disegnava intera la vita
e c'erano ombre, c'erano
voci nelle parole — spiriti sottili.

II.

I search for the key to the crumbling
          —the hole inside the words;
yet the She-bear is still in the sky
and on the eleventh of August the stars
will fall long like tears.

All is engraved in the design,
but the sky holds no safety
          —reason rips the blue.
Someone goes where he cannot see;
another blinds anyone who lifts his head,
fragile in the whiteness.

O time, lost immobility
of a dream that designed an entire life,
and there were shadows, there were
voices in the words—subtle spirits.

III.

Se sono destinato al bianco,
dimmi, dove posso annegare in pace?
Mi lascio andare nel centro
dove le sillabe si tengono
                    strette le paure.
Una sintassi di ricordi.
Ai bordi un'eco mi sopravanza.

Vorrei essere la corteccia
di un albero, la molle fibra che lo riveste
e sopra ci scriva con la punta
chi viene di passaggio,
dica — *il nome*.
Lo saprà il prato, le formiche rosse.

Qualcuno poi penserà a intagliare
un'altra scritta dove la memoria
è corteccia,
l'amore di un'estate — arsura.

III.

If I am destined to whiteness,
tell me, where can I drown in peace?
I surrender myself to the center
where the syllables grip
                                        fears tightly.
A syntax of memories.
At the margins an echo overtakes me.

I would like to be the bark
on a tree, the soft fiber that re-clothes it
and writes over it with the point
that passes by,
and says—*the name*.
The field, the red ants, will know, the red ants.

Then someone will think of engraving
another writing where memory
is bark
the love of a summer—sultriness.

IV.

È così esposto il viso,
così evidente il perimetro
        — gli altri possono sentirlo.

La struttura non tiene e i tetti,
tutti i tetti della città,
scendono alle fogne, in diagonale.

Come ospiti in stanze affollate di sedie,
chiediamo traiettorie di andata,
a capofitto nel ritorno.

Perduta la mano che ritaglia
la forma dell'amore
dentro l'orizzonte.

Saremo raccolti un giorno dentro
la giacca di velluto,
nel corpo che s'intana e trova la casa.

Saremo dentro la terra alla fine
e il perdono — debito non saldato,
piegato nella pelle.

IV.

The face is so exposed,
the perimeter so obvious
	—the others can feel it.

The structure does not hold and the roofs,
all the roofs in the city,
drop diagonally down to the sewers.

Like guests in chair-crowded rooms,
we ask for departing trajectories,
headlong in the return.

Lost is the hand that trims
the shape of love
within the horizon.

One day we will be gathered inside
the silken coat,
in the body burrowing down to its lair.

At the end, we will be inside the earth,
with forgiveness—an unsettled debt—
folded into the skin.

Città in sotterranea

I.

Sotto, proprio qui sotto il metallo
sutura la pelle — gli strati non riparano
dal freddo.

La città — un disegno di strade
a perdere,
senza nulla che mondi dal nero
dentro gli occhi.
Non la resa delle bestie a primavera,
non la terra aperta dal vomere,
la terra tagliata tra le mani.
Qui sotto non c'è l'ombra
a fare i corpi meno soli, vedi?
batte il ritmo di un'infanzia
rubata
con il gesto semplice che strazia.

Subterranean City

I.

Below, right here below the metal sutures
is skin the layers cannot protect
from the cold.

The city—a street layout
to get lost in,
with nothing but black worlds
inside the eyes.
Not beasts surrendering in spring,
not soil opened by the ploughshare,
the soil cut between hands.
Down here no shade
makes bodies less alone, you see?
the rhythm of a robbed childhood
beats
with a simple tormenting gesture.

II.

Dov'è la parola?
La radice selvatica che unisce
il tronco con le mani,
la punta al taglio nel mio fianco
e fa una linea esatta — solo per metà.
Una dolcezza dentro il bianco
per ogni volta che perdiamo
                                        l'abbraccio.

II.

Where is the word?
The wild root that unites
the trunk with the hands,
the tip at the edge of my flank,
and makes a perfect line—only halfway.
A tenderness inside the whiteness
for each time we lose
                    the embrace.

III.

Fuori resistono i gerani al davanzale,
l’edera al cancello,
esistenze mai cresciute nella gioia,
mai venute alla sfida
                    di un amore.
Tengono la casa, la tengono dove
il giorno è polvere e l’occhio
non decifra
la legge nelle stagioni.

Qualcuno prega — la pietà,
senza saperla, senza averla mai avuta.
E’ un vizio la pietà,
una crepa nel battito cardiaco
prima che la lama dica il male.

III.

On the windowsill outside, the geraniums
endure the ivy at the gate,
living things that never grew joyfully,
having never met the challenge
of love.
They hold onto the house, hold onto it where
daytime is dust and the eye
cannot make out
the law in the seasons.

Someone prays—mercy,
without knowing it, without ever having had it.
Mercy is a vice,
a crack in the heartbeat
before the blade reveals the ill.

IV.

Sotto, qui sotto la partenza è
viaggio nella specie — perdersi
di cunicoli e ombre nella pancia di Milano
dove dici — mare, quel sogno
nel cuscino.

Sotto si agita un'acqua gonfia,
sotto il cemento, dentro i navigli
interrati come una serpe
— sale, vedi? adesso sale l'acqua.
Arriva sino al cielo.

IV.

Below, here down below, departing means
traveling through the species—losing oneself
in the caverns and shadows of the belly of Milan
where you say—sea, that dream
in the pillow.

Here down below, water swells, stirs
beneath the cement, inside the Navigli
buried like a serpent
—it rises, you see? Now the water rises.
It reaches the sky.

La forma della vita

Cammini sul ciglio della strada
dove non c'è riparo, né contatto.
Tutto è compiuto
in questa città che ha la forma
di ogni altra città a venire.

Cola la notte dentro gli uomini,
strade a corridoio
dove scivola il gesto che sa
e tace — la ferita.

Sarà questa l'ora di dirlo
il tempo immacolato e crudele?
L'infanzia orfana,
la casa — una guerra nella pelle
che tiene la memoria.

Le luci, le luci sono troppo alte
per vedere l'ombra,
la vostra — la mia e il sangue
nel canto taciuto ai figli
dentro la pagina.

The Form of Life

You walk on the edge of the road
where there is no shelter, no contact.
All is completed
in this city that is formed
like any other city to come.

Night trickles inside men,
corridor streets
where the knowing gesture slips
and is silent—the wound.

Will this be the hour to tell
of cruel and immaculate time?
The orphan childhood,
the house—a war in the skin
that keeps the memory of it.

The lights, the lights are too high
to see the shadow,
yours—mine and the blood
in the song unheard by the children
inside the page.

I corpi hanno perso il sogno
nel tanto spaccare la vita
con le unghie, sino in fondo,
nel dirlo ogni volta — estinto
il sogno
come fosse per davvero,
per sempre.

Cerco l'abbraccio nelle piazze
smagrite, lo trovo la notte,
lo inseguo nel piano inclinato
degli occhi.

Ho scavato una grotta
per la solitudine e la preghiera
non scordata mai, non saputa
se non nel grido.

Sotto, più giù dentro i cunicoli,
nel nero che assedia
le ginocchia
si chiude il cerchio, la parola
consumata all'inizio
— non ho più occhi.

Tengo stretta la mia, la tua ora
quella che sola ci appartiene
dove diciamo — amore
e ci credi e lo tieni
come l'ospite, l'ultimo.

The bodies have lost the dream
while splitting life for so long
with their nails, deep down,
while saying it each time—the dream
is extinct
as if it were for real,
forever.

I search for an embrace in starved
squares, find one at night,
follow it in the slanting plane
of the eyes.

I have dug a cave
for solitude and never-forgotten
prayer, known only
in screams.

Below, deep down inside the mines,
in blackness assaulting
the knees,
the circle closes, the word
consumed at the start
—I no longer have eyes.

I hold on tight to my, to your hour,
the one that belongs to us alone,
where we say—love
and you believe in it and hold onto it
like a guest, the final one.

Ai pochi

I.

Anche oggi il sole ha aperto il cielo
e dato forma alla collina,
sopra e sotto — il mondo davanti.

Ieri è stato tutto un lavorìo di tagli
e incastri nel fondo del baule.
La vita un farsi estate e aspettare
dentro la paura.

Nella fatica del paesaggio resta
un bianco ostinato
e la fuga verso est dove cresce
il tempo primo dell'invocazione
— segno a puntasecca, come se infinito.

To the Few

I.

Today as well the sun has opened the sky
and given shape to the hill,
over and under—the world ahead.

Yesterday was all a labor of slashes
and grooves at the bottom of the suitcase.
Life a becoming of summer and waiting
inside fear.

In the weariness of the landscape lingers
an obstinate whiteness
and this fleeing toward the east where
the original time of the invocation expands
—a drypoint sign, as if infinite.

II.

Resta una fedeltà ai pochi
a fare il perimetro
e un giardino selvatico prima del bosco,
oscuro quanto quello.

La strada — *la strada è rossa*,
dritta verso l'infanzia dove
        sei sempre stato.

Non sapresti dire se era vero
quel tanto girare di spalle,
non sai trovare il nome — la piega
dove la foce attende
il sangue come un'acqua che viene
e slitta, vedi s'avvicina.

II.

A few remain faithful to
reaching the perimeter
and a wild garden before the forest,
just as dark.

The street—*the street is red*,
heads straight toward the childhood where
        you have always been.

You could not say if all that
turning away was real,
you don't know where to find the name
—the wrinkle
where the river's mouth awaits
blood like water that comes
and slides; look, it's coming close.

III.

Il sorriso copre l'assenza dei volti
　— non tirare le somme,
non sarà un numero a dire la gioia,
un azzardo nel bianco.
L'addio improvviso come il freddo.

Resta un patto senza abbreviazione
　— la tua storia.
Un bordo dentro gli occhi.

Solo nel taglio esatto
a volte riposo.

III.

The smile covers the absence of visages
    —don't come to conclusions,
joy will not be announced by a number,
a hazard in the whiteness.
The sudden goodbye like the cold.

Your story
remains a pact without abbreviation.
A margin in the eyes.

Only in the exact cut
do I sometimes rest.

da LEGGERE VARIAZIONI DI ROTTA (2008)

from READING THE ROUTING CHANGES (2008)

Marina Cvetaeva, l'ultima notte
Un dialogo con l'Ombra

sera d'inverno — Russia, 1941

(ombra)

La difesa si è fatta barriera,
hai la porta chiusa
e nella casa i muri crescono
da dentro.
Un angolo esatto ti copre le spalle
da tutti gli sguardi.
La casa senza finestra, il buio
dentro il giorno,
nella persiana chiusa avevi deciso
di restare

(Marina C.)

Consumo le mani per afferrare
i giorni come una volta
sapevo l'estate — un sorriso
e la promessa.
Si fanno gonfi i piedi immobili
nell'attesa.
Il muro è bianco, sempre più
bianco, più di quanto avrei pensato
dieci anni fa

Marina Tsvetaeva, the Last Night
A Dialogue with the Shadow

A winter night—Russia, 1941

(shadow)

The defense has set up a barrier:
your door is closed
and in the house the walls grow
from inside.
A perfect corner covers your shoulders
from all the stares.
The windowless house, the darkness
inside the day;
you have decided to stay in the shut
blinds.

(Marina C.)

I consume my hands in order to grab
the days the way I once
knew summer—a smile
and the promise.
While waiting, immobile feet
swell.
The wall is white, always
whiter, more than I would have thought
ten years ago.

(ombra)

La casa si è scavata le radici
nella tua lingua
dove il vento è un urlo senza saperlo,
senza volerlo.
L'abitudine ai giorni
— una linea nella stanza dove dormi
nel tempo semplice del cibo.
Le tue parole salvano il bianco nei polsi
credendolo sia vita
davvero

(Marina C.)

Sottilissima la terra che amavo
si è ristretta, non so più camminare.
La stanza è uno spazio assediato,
le facce sono
    lo specchio concavo di me.
La voce mi sale dentro i polsi,
parla della tempesta
— un oceano, un'inondazione

(shadow)

The house has dug roots
into your tongue
where the wind howls without knowing it,
without wanting to be.
The habit of days
—a line in the room where you sleep
and in the simple time of food.
Your words save the whiteness in the wrists
believing it's real
life.

(Marina C.)

Tenuously the land I subtly loved
has narrowed, I no longer know how to walk.
The room is a besieged space,
the faces are
    the concave mirror of myself
The voice enters my wrists,
speaks of the tempest
—an ocean, a flood

(ombra)

La pagina nasconde l'assoluto del gesto,
una forma scura,
non la sentenza strappata
con forza ostinata ai giorni.
Resta solo l'ultimo giudizio,
puro e intatto.
Non pensi — ascolti l'incarnazione,
il suo darsi sottile in ogni cosa,
il suo esistere, là fuori

(Marina C.)

Come il leopardo vengo da spazi
immensi di fame,
esisto e rinasco dentro la voce
ogni giorno, ogni ora.
Della pietra — non so,
non so ancora il nome
e dirla questa gioia, questa paura

(ombra)

Sei sulla terra con il corpo
orfano e spietato
come solo i bambini quando nascono.
Cerchi l'allegria nelle labbra.
A ogni risveglio sai il punto — esatto
tra luce e buio, dove la casa è nido,
un ritorno e la paura che
non ti lascia mai i giorni

(shadow)

The page hides the despotic gesture,
a dark form,
not the sentence torn
with obstinate force from the days.
Only the final judgment remains,
pure and intact.
You aren't thinking—you're listening to the incarnation,
its subtle giving into each thing,
its existence, out there

(Marina C.)

Like the leopard I come from vast
spaces of hunger;
I exist and am reborn inside the voice
every day, every hour.
From the rock—I do not know,
still do not know the name
to say this joy, this fear

(shadow)

You are on earth with a body
orphaned and ruthless
as only babies are at birth.
You look for laughter in your lips.
With each reawakening you know the point—exactly
between light and darkness, where the house is a nest,
a return and the fear that
never leaves you your days

(Marina C.)

Cerco l'oblio di me dove tutto è
solo un gesto, un silenzio che feconda.
La mia mente è stanca da tempo
— so la legge dispari,
una lotta tra amore e verità.
Adesso lo so, solo incontrandolo
il mattino è un dono
per il dopo

(ombra)

Questo il disegno — tu qui,
esposta come la roccia all'onda,
come il mare che ti leva la carne
pezzo su pezzo.
La parola è una punizione
cui non puoi resistere.
Hai lasciato tutto senza limite e pace
— la terra, questa patria e l'ombra
a nascondiglio dentro l'infanzia.
Non avere paura, segui il passo,
puoi risalire dove è iniziato

(Marina C.)

I seek to forget myself where all is
mere gesture, fruitful silence.
My mind has long been tired
—I know the unequal law,
a struggle between love and truth.
Now I know, by merely running into it,
morning is a gift
for later on

(shadow)

This is the design—you here,
exposed like rock is to wave
like the sea ripping your flesh
piece by piece.
The word is punishment
you cannot resist.
You have left everything without limits and peace
—the earth, this homeland and the shadow
hidden inside childhood.
Be not afraid, follow the footsteps.
You can climb to where it started

(Marina C.)

Sono uscita dal buio dentro il petto,
dentro il respiro.
So la memoria dei muri e l'eco,
l'inutilità di ogni domanda.
La distanza tra le due rive è
                    sottile come solo la vita.
Senza protezione.
Non avanzo pretese, non posso

(ombra)

Solo il buio ti offre soddisfazione,
le necessità di sempre.
Volevi — essere, nient'altro,
un imperativo battuto dall'urlo,
scritto dentro il tempo.
La morte ti è cresciuta in grembo,
come un figlio, come la vita.
Hai vinto adesso,
hai preso l'arma — la tua salvezza

(Marina C.)

La barriera, c'era la barriera
fino a questo momento.
                    Adesso non serve più,
                    non è difficile, adesso.
La luce domani dirà a tutti
— il mio gesto giovane,
la dedizione di chi è più forte del tempo.
Domani chi non capisce
parla con la voce del notiziario.

(Marina C.)

I have come out of the darkness inside the chest,
inside the breath.
I know the memory of walls and the echo,
the uselessness of each question.
The distance between two shores is
                    subtle as only life is.
Without protection.
I put no pretension forward; I cannot

(shadow)

Only the dark offers you satisfaction,
the necessity of always.
You wanted—to be, nothing else,
an imperative struck by the howl
written inside time.
Death grew in your womb,
like a son, like life.
You have won now,
you have taken the weapon—your salvation

(Marina C.)

The barrier, there was the barrier
up to this moment.
                    It is useless now;
                    it is no longer difficult.
Tomorrow the light will tell everyone
—my youthful gesture,
the devotion of one who is stronger than time.
Tomorrow those who don't understand
will speak with the voice of the news.

INEDITI (2007–2008)

UNPUBLISHED POEMS (2007–2008)

Parking America — in tre passi

a Teresa M.

I.

Viene avanti, si allarga la distesa
con la tenacia dei muri bianchi
che non sanno la fine.
Un neon si spalanca all'alba dentro
— fuori dalla roulotte.
Nella lamiera dorme un uomo
grosso *più di quel che pensi*
e questo dice tutto di noi.
Il nome, un'esistenza semplice.
La sosta al motel, questo va bene.

Nel nero di questo Midwest assetato
un letto a tenere la paura
dentro le ciglia.
Vedi, sono scomparse le facce,
tutte le facce attorno
e le mani non sono più quelle.
Prendere e dare, questo sanno.

Parking America—in Three Steps

to Teresa M.

I.

It comes forward, the distance widens
with the tenacity of white
unlimited walls.
A neon opens wide at dawn inside
 —outside the trailer.
Inside the sheet metal sleeps a man
bigger *than you think*
and this tells everything about us.
The name, a simple existence.
The stop at the motel, this goes well.

In the blackness of this thirsty Midwest
a bed holds fear
inside the eyelashes.
Look, the faces have disappeared,
all the faces around
and the hands are no longer those.
Taking and giving, this they know.

II.

La stanza è quadrata, così nuda da fare
freddo alle ossa, così uguale
da implorare una casa
nel temporale che sa di ferro.
Di nero.
Viene, viene verso di noi e si scivola
piano come i sogni tagliati.
Il bianco sul fondo ha allagato le ombre,
il bordo nel tetto dove c'è l'ultima porta
non aperta, come tutte le altre.
Il cielo oltre le spalle trema,
spacca le finestre.
                    Una vastità.
Dove vanno queste luci così gialle,
più sole di come si possa
essere nati un giorno?

II.

A room is a square, so bare it chills
the bones, so much the same
it implores a home
in the storm that tastes like iron.
Like blackness.
It comes, it comes toward us and we slide
slowly, like sliced dreams.
The whiteness in the background has widened the shadows,
the edge of the roof where the last door is
unopened, like all the others.
The sky trembles far above the shoulders,
shattering the windows.
                    A vastness.
Where are these lights going, so yellow,
lonelier than one could be
on the day of one's birth?

III.

Tu ti lasci di spalle — l'azzardo,
la fuga, un abbraccio
non avuto e l'altro rimasto nelle coperte.
Resta un film senza fine,
ancora e ancora dentro la tua testa.
Il verde, tutto il verde dei prati
è perduto.
La vita — un'eco dell'ultimo viaggio.
Chi scrisse la storia, dimmi,
chi il paesaggio
nella verità di cavalli bradi
e fucili?
Qui è tutto enorme,
il silenzio, un foro nel bicchiere
e la carta dopo il pic-nic.
L'orizzonte non lascia scampo,
sceglie la strada a picco
nel bianco

III.

You let go of the shoulders—the hazard,
the escape, an unreceived
embrace and the other one under the blankets.
An endless film goes on
over and again inside your head.
The green, all the green of the fields
is lost.
Life—an echo of the last voyage.
Who wrote the history, tell me,
Who—the landscape
in the truth of untamed horses
and rifles?
Here all is enormous:
the silence, a hole in the glass
and the napkins after the picnic.
The horizon leaves no escape,
choosing the sheer street
within the whiteness.

Trilogia delle cose perdute

I.

Una su una le strade si sono ristrette
dentro la città, si sono sbiancate
nel tanto perdere il fiato.
C'è un nero improvviso laggiù
e la piazza si allarga
— si piega di lato come niente fosse,
quasi come un bambino
slitta piano nel sonno.

Impigliato all'angolo resta l'abbraccio
che legava i giorni alla casa,
una linea nel bianco.
Era rosso il confine del sorriso, ricordi?
C'era un bar sempre aperto
con la ressa di un giorno d'estate
finita quasi sempre in un bacio.

Adesso si corre la strada,
si va a quel filo di voci che porta
a una via senza nome.
E' azzurra ancora la casa
nel tuo sguardo bambino,
là dove il mare disegna i sogni
al largo dentro le onde.

Trilogy of Things Lost

I.

One by one the streets have narrowed
inside the city, have turned pale
while losing so much breath.
A sudden blackness there
and the square widens
—it easily leans to one side,
almost like a baby
easily slides into sleep.

Entangled in the corner remains the embrace
that linked the days to the house,
a line in the whiteness.
The boundary of the smile was red, remember?
A bar was always open
with the crowd of a summer day
almost always ending in a kiss.

Now one runs down the street
toward that string of voices gathered
at a nameless street.
In your child's eyes
the house is still blue,
out there where the open sea designs the dreams
inside the waves.

II.

Largo, sempre più largo
il capogiro a segnare traiettorie
in bianco e nero
tra il mercato e questa piazza.
Basterebbe un passo, uno slancio basterebbe
per far tornare la luce nel giorno,
ma avanza il grigio sino al mare.

La torre si alza improvvisa
dove il cielo è nuvole e le ore
un *rosso sfacciato*
come i secoli dentro i libri di storia
          — *un conto senza inizio e fine.*

Non so più dire la piazza dell'estate
quando tutto brillava,
solo i vecchi sanno quei giorni
nell'impasto di voci e vino.
Lo tengono stretto a fermare
il buio che viene.

Resta una foro, le risate nel bianco
dei pomeriggi.
Sussurri alle finestre
e gli sguardi rivolti
al tempo sottile della gioia.

II.

Wide, always wider
the dizziness tracing trajectories
in white and black
between the marketplace and this square.
A step would do, a dash would do
to bring back the daylight,
but the grayness advances up to the sea.

Suddenly the tower rises
where the sky is clouds and the hours
an *impudent red*
like the centuries in history books
—*a reckoning without beginning and end.*

I can no longer tell of the summer square
when all was bright,
only the old know those days
in the mix of voices and wine.
They hold it tight to stop
the coming darkness.

A hole remains, the laughter in the white
afternoons.
Window whisperings
and the glances turned
to the subtle time of joy.

III.

Era la neve a disegnare la casa
senza confini, senza tetto e le porte,
infinito il gioco a nascondino
dove si perde la memoria.
Il sole diceva l'ora di tornare
e l'abbraccio faceva
dolce la fine del giorno.

Adesso si può solo scendere giù,
dove la zolla è dura,
dove le voci tengono aperta
la mano del tempo.
Là sotto cresce sempre l'erba
e le risate sono larghe,
enormi sotto il cemento.

III.

The snow designed the house
without limits, without roofs and doors,
an infinite game of hide-and-seek
where memory is lost.
The sun announced the hour to return
and the embrace
made the day's end sweet.

Now one can only descend there
where the sod is hard,
where the voices keep the hand
of time open.
Down there grass always grows
and laughter is wide,
enormous under the cement.

da A DISTANZE MINIME (2009)

from AT MINIMAL DISTANCE (2009)

da A distanze minime

A mio padre

Si può cercare ancora l'orma
lasciata vent'anni fa,
il piede del padre e quello di lei
bambina?

I.

Parla, parla piano, ha gli occhi bassi
— *incurabile*.
Non capisco, come se il dizionario
si fosse aperto a caso
in quel punto.
Incurabile come qualcuno che
s'allontana
ma è ancora lì, ancora con i piedi
dentro il mondo.
Crollate le difese, i ponti fatti con cura
per saltare l'infanzia, crolla la mia faccia.
Eppure è una roccia con quel viso largo,
eppure anche le rocce
prima o dopo franano
in un punto

from At Minimal Distance

To my Father

Can you still search for the foot print
left twenty years ago,
the foot of the father and hers
as a child?

I.

He speaks, speaks softly, lowers his eyes
—*incurable*.
I do not understand, as if the dictionary
had casually opened
at that spot.
Incurable like someone who
goes away
but is still there, with his feet
still inside the world.
The defenses have collapsed, so have the bridges carefully built
to jump beyond childhood; my face collapses.
Yet he is a rock with that large face,
yet even the rocks
sooner or later tumble down
at one point.

II.

Le mani sulla tua mattina,
la maglia ruvida al contatto
delle dita.
Chiedi un massaggio contro
il male dei muscoli, il brusio.
Contro l'impotenza.
Ancora, mi dici — *ancora*
e offri la schiena.
Invento un ritmo, una danza.

Le dita sulla tua schiena
— senza sosta,
un massaggio, una ninna-nanna
nel buio che sarà.

Forse è solo mio questo
incantesimo — *farmi minuscola*
e salire dentro la gola,
oltre lo sterno, sino all'inizio
del danno nei tessuti.

Ti distendo — un panno
ben messo nel cassetto,
cosa tra le cose.

II.

The hands on your morning,
the sweater rough
to the touch.
You ask for a massage to soothe
aching muscles, the droning.
To soothe helplessness.
More, you tell me—*more*
and offer your back.
I invent a rhythm, a dance.

The fingers on your back
—ceaseless,
a massage, a lullaby
in the darkness that will be.

Perhaps this enchantment is
mine only—*making myself tiny*,
climbing inside the throat, moving
down past the sternum, to the roots
of the damaged tissues.

I hold out to you—a blanket
neatly placed in the drawer,
a thing among things.

III.

Senti *il freddo* e poi un *gran caldo*
come una stagione diversa
ogni mattina.
Dici — *c'è la neve nella stanza*,
il cassetto enorme dentro il bianco
per alzarti e andare in bagno.

L'ordine del silenzio sui muri,
le voci nel nero
come non erano nell'infanzia
a imparare l'alfabeto.

Le voci adesso sono *potassio e sale*,
un sortilegio.
Ogni sorso d'acqua è acuto
come solo la vittoria.

III.

You feel *the cold* and then *great heat*
like a different season
every morning.
You say—*the snow is in the room*,
the enormous closet inside the whiteness
to help you up to the bathroom.

The order of silence on the walls,
the voices in the blackness
as they were not in childhood
while learning the alphabet.

The voices now are *potassium and salt*,
a magic spell.
Each swallow of water is acute
as only victory is.

IV.

È così *punto-linea-punto*
così sussurra la materia,
un alfabeto di cellule
dove scorre il brusio del sangue
e si fa vita.

Lo vedi, non so leggere
la lingua muta del polmone
dove si gonfia la notte
e diventa giorno poi ancora
notte e così vivi, così passano gli anni
sino al giorno che non sarà
mai più.

È così il dolore
— *un prato bruciato*.
La musica si fa tana di ogni silenzio.
Sottile, troppo sottile è il passo,
posso solo stare qui a guardarti
come fosse per caso.

Ti tengo l'alba vicina al letto.

IV.

It's like this *go-stop-go*
that matter murmurs,
an alphabet of cells
where the hum of blood flows
                              and becomes life.

You see, I cannot read
the mute tongue of the lung
where the night swells
and becomes day and then again
night and so you live, so the years go by
until the day will be
never again.

This is how pain is
—*a scorched field*.
Music becomes the lair of each silence.
Tenuous, too tenuous is the passing;
I can only stay here and look at you
as if by chance.

I hold dawn close to your bed.

V.

Non sappiamo la fatica delle cellule,
i confini che si aprono,
fanno spazio alla vita dentro la vita.
Non so l'urto degli ingranaggi,
il vettore contrario che frena   l'aria
dentro i bronchi.

Il giorno è questo *fare leva*,
premere le scapole,
scendere sino alla solida esistenza
dei tuoi reni.

Abito tra l'azoto e il ferro
— *nel mondo infinito della tua materia.*
Sono sangue e respiro,
tu insegui le ore.
Non le sai più contare.

V.

We do not know the weariness of cells,
the borders that open,
making room for life inside life.
I do not how the gears grind to a halt,
the contrary vector that holds back   the air
inside the bronchial tubes.

The day is this *lever*
pressing the shoulder blades,
descending into the solid existence
of your kidneys.

I live between nitrogen and iron
—*in the infinite world of your matter.*
I am blood and breath.
You follow the hours.
You can no longer count them.

VI.

Di tutta la casa sono rimaste
le travi — un ordine di angoli.
Il male ha lavorato alle radici,
restano le ossa
e non regge il peso, non sa
il respiro.

Dei giochi d'infanzia, dei *tuoi no*
così tenaci
restano le pietre, un legno inciso.
Il mare ha smangiato
le fondamenta,
il camino e la stanza chiara.

VI.

Of the entire house only the beams
have remained—an arrangement of angles.
Sickness has worked over the roots,
the bones remain,
and it can't hold up the weight, can no longer
breathe.

Of your once-earnest
childhood play, of your stubborn *no's*,
only the rocks remain, an engraved piece of wood.
The sea has gnawed away at
the foundations,
the chimney and the bright room.

VII.

A famiglia giocavamo
— *è solo nostra la casa*
nel centro del tappeto,
nel cuore di tutti i giorni e le schegge.
Una, *due* . . . e sono già venti.

Dentro il rettangolo
della stanza gialla dei giochi
eravamo — la preda,
occhi rasoterra a chiedere
la pietà dei mainati,
il sogno di una vita lenta nel fuggire.

Avevamo inventato il taglio
— *mobydick nell'armadio di casa*
e la paura come un gomitolo
tra il puntocroce
                    e le salite.

Il tempo disegna adesso l'infanzia
a moscacieca.
Ci regaliamo ore
                    a perdifiato.

VII.

We played family
—the house is for us alone
in the center of the carpet,
in the heart of each day, splinters:
One, *two* . . . and twenty already.

Inside the rectangle
of the yellow playroom
we were—the prey,
eyes lowered to ask
the pity of the unborn,
the dream of a slowly escaping life.

We had invented the cut
—mobydick in the cupboard
and fear like a ball of wool
between the cross-stitch
                                        and the climb.

Time now designs childhood as
blind man's bluff.
We make ourselves a gift
                                        of breathless hours.

VIII.

È così, *punto-linea-punto*
un ritmo in perdita dove
si è fermata la legge che unisce
la corteccia al battito,
il vento al tuo respiro e frena il male
sinché — *tutto si spezza.*
Una geometria senza regole,
non più la casa, non la voce
e le margherite a compleanno.

È così, non smetto.
Ti racconto anni e anni di corse,
nell'adolescenza vorace
e la fatica dell'età prima.
Abbracci ritrovati dove ora
sei fragile.
Sono qui con te adesso,
resto sino a che tutto
sarà compiuto.

VIII.

It's like this, *go-stop-go*
a dwindling rhythm where
the law uniting the bark
to the heartbeat has stopped,
the wind in your breath and it halts the pain
until—*all breaks.*
A geometry without rules,
no longer the house, not the voice
and the daisies on the birthday.

And so, I do not stop.
I tell you about years and years of running
in voracious adolescence
and the exhaustion of my early years.
Embraces found again where you are
now fragile.

Now I am here with you;
I will stay until all
has been accomplished.

IX.

Da quella tua lontananza
mi hai sorriso,
tu che non eri più tu
e neppure un corpo.
Stringevi i mie due anni nella foto
— *compleanno di riviera.*

Di quel sorriso resta
la gioia dentro gli anni
— *sicura,*
era sicura l'estate con il tuo nome.

Rivedo l'incontro quel mattino
dove sapevi già *l'addio,*
dove eri calmo come solo la morte,
la vita tutta d'una fiato.

IX.

From that faraway place
you smiled at me,
you who were no longer you
and not even a body.
In the photo you hugged my two years
—birthday on the Riviera.

What remains of that smile
is the joy of those years
—safe,
the summer was safe in your name.

I can see you again on that morning
when you already knew about *saying goodbye*,
when you were calm as only death can be,
life in a single breath.

X.

Te ne sei andato come chi deve.
Nel comando, dicevi, è sempre
esatto il passo del plotone.
Era quello il filo delle tue costellazioni.

Te ne sei andato nella domenica
sbagliata al calendario.
Sei dove non c'è più paura
e il sonno è senza voce, senza
quel tremare.

Te ne sei andato con l'obbedienza
della pietra scesa a picco sul fondo.
È stata veloce la fuga
nell'inverno di Milano,
senza neppure il mare per dire
— *dove andiamo . . .*

X.

You went as one who must.
Under orders, you said, every step
of the platoon is always precise.
That was the thread of your constellations.

You left on Sunday,
a calendar error.
You are where fear is gone
and sleep is voiceless, without
that shaking.

You left with the obedience
of the stone fallen straight to the bottom.
The escape was fast
in the Milan winter,
with not even the sea to say
—*where we are going . . .*

XI.

Togliere tutto, faccio spazio
nelle stanze dove ci sono
ombre e solchi neri in cui sedevi
aspettando il tuo tempo.

Dentro il bianco scavo
— *quel gesto con l'indice*
dentro al buio.
L'ultimo.

Lascio chiusa la finestra,
chiudo l'alfabeto dietro al vetro
per dire solo il giorno
e forse non verrà.

Le cellule hanno sbandato
chissà dove, chissà come.
Resta quel posto dove
dicevamo — domani.

Imparo la promessa nella piega
e il corpo di fili e vene.
Il battito non dice, non funziona.
Mai più.

XI.

Get rid of it all, I make space
in the rooms where there are
shadows and black furrows in which you sat,
awaiting your time.

Inside the whiteness I dig
—that gesture with the index finger
inside the darkness.
The last one.

I leave the window shut,
I close the alphabet behind the pane of glass
to tell only of the day
and perhaps it will not come.

The cells have disbanded
who knows where, who knows how.
Only that place remains where we
would say—tomorrow.

I learn the promise in the fold
and the body of threads and veins.
The heartbeat says nothing, does not work.
Never again.

XII.

Mi portavi sempre dei regali,
piccoli oggetti inutili, anche una biro . . .
Mi parlavi come parla la materia
senza esagerare, senza dighe.

Eri senza balzi e cascate come il Po
dove sei nato che va largo
al suo delta.
Eri prendere e dare
come l'ape all'alveare.

Le cose sanno tutto, sanno
l'inizio e la fine anche l'indifferenza.
Le ascolto adesso come un monaco,
come facevi tu.

XII.

You always brought me gifts,
small useless things, even a pen . . .
You spoke to me as matter speaks,
without exaggerating, without barriers.

You were without leaps and waterfalls like the Po
near which you were born and which
widens at its delta.
You were a giver and a taker
like the bee to the beehive.

Things know everything, know
the beginning and the end and indifference.
I listen to them now like a monk,
as you used to.

XIII.

Era la mia terra,
un *ordine esatto* dentro la natura
— i solchi neri dei pioppi
dove si ferma l'acqua alta
della laguna e sale, sale fin qui.

Il mio giorno era
un comando nelle tue mani
dove l'infanzia si fa stretta,
un nodo dentro la gola
e la ferita.

Era la mia terra,
una geometria di fili e reti
dentro i *casoni* da pesca tra Goro,
le tre foci del Po dove il mare è
un farsi anguilla e andare al fiume.

Tutta la vita era decisa
come un muro dritto nei giorni
oltre la porta dell'adolescenza
dove ci sono le radici
e i sassi.

È esatto adesso il taglio,
dove cresce il male ci si fa sottili,
resta il nero in quella notte
quando sei partito per sempre,
come per caso.

XIII.

It was my land,
a *perfect order* inside nature
—the black furrows of the poppies
where high water from the lagoon
stops and rises, rises up to here.

My day was
an order in your hands
where childhood gets tight,
a knot in the throat
and the wound.

It was my land,
a geometry of threads and nets
inside the large fishing huts near Goro,
the three mouths of the Po where the sea is
becoming an eel and going to the river.

All of life was fated
like an upright wall in the days
beyond the door of adolescence
where exist only roots
and stones.

The cut is now exact;
where pain grows one becomes thin,
the blackness remains in that night
when you departed forever,
as if by chance.

XIV.

La pietà è sprecata nel letto del malato,
dentro i suoi occhi girati indietro
a prima della cattura.

Per abitudine diciamo ancora
— *gioia* il sorso d'acqua,
beviamo e siamo qui, per abitudine.
Non chiedermi altro.

Conservo ancora i petali
Del garofano — erano tre.
Erano dentro il sogno, dentro
la tua fine.

XIV.

Pity is wasted on the bedridden,
inside the eyes turned inward
before the capture.

Out of habit we still say
—*joy* to the gulp of water.
We drink and are here, out of habit.
Do not ask me more.

I still hold on to the petals
of the carnation—there were three.
They were inside the dream, inside
your end.

XV.

La vita è un bianco intruso,
costruisce la chiesa del suffragio
e la tavola del cibo,
alza la voce e grida i nomi,
tutti i nomi dei cari morti.
Semina il sole e fa grandi
i mattoni e i figli anche,
per i sogni.

È normale sedersi,
fare la spesa e alzarsi dentro
la fatica. *Normale.*
Tutto avanza e poi scende giù,
piano . . .

XV.

Life is a white intruder,
it builds the church of suffrage
and the table for food,
it raises its voice and calls the names,
all the names of the dear dead.
It seeds the sun and grows
bricks and sons as well
for dreams.

It's normal to sit,
shop and get up inside
exhaustion. *Normal.*
Everything advances and then falls down,
softly . . .

XVI.

Tutto si tiene ancora
tra l'alba e un inverno che verrà.
Restano i tronchi enormi
nella sabbia, fermati per sempre
con la pazienza del mare.

Soltanto il gesto manca,
solo il tuo saluto con la punta delle dita
— impacciate come solo i bambini.

Forse si può passare senza
lasciare tracce, forse occorre *farsi aria*
e tu la respiri domani.
Solo il balzo *mai più* dentro l'infanzia.

XVI.

All is still held
between dawn and a winter that will come.
The enormous trunks remain
in the sand, stopped forever
with the patience of the sea.

Only your gesture is missing,
only your fingertip waving
—tangled as only a child's can be.

Perhaps one can pass without
leaving traces, perhaps one can *become air*
and you will breathe it tomorrow.
Only the leap *never again* into childhood.

XVII.

È tempo di rifondare
perimetro e segnali,
tempo di fare il muro bianco
dentro la casa dove è slittata via
l'infanzia e la morte
si è presa intera un sogno.

La vista insegna alla mano
il gesto semplice del pane,
il respiro *dentro-fuori*
                                        dai polmoni.

Tempo, mio tempo illuso
in cui il mondo, tutto il mondo
entrava dentro il foglio
e la parola era illesa nel mattino.
Solo un attimo, solo allora
è stata certa la presenza
— *una corsa a perdifiato.*

Ora tutto è di spalle e siamo
già più oltre.
                                Avanti.

XVII.

It's time to recast
perimeter and signals,
time to make the wall white
in the house where childhood has
slipped away and death
has taken a whole dream.

Vision teaches the hand
the simple gesture of bread,
the breathing *in-and-out*
                                        of the lungs.

Time, my deluded time
wherein the world, all the world
entered inside the sheet of paper
and the word was unharmed in the morning.
Only an instant, only then
the presence was certain
—a race at breakneck speed.

Now everything is behind us, and we are
already further on.
                                        Onwards.

Bibliographical Notes

Moltitudine appeared in *Settimo Quaderno di Poesia Italiana*, an anthology edited by Franco Buffoni, with a preface by Giancarlo Majorino (Milan: Marcos y Marcos, 2001).

Geografie a Nord, with screen prints by Ito Fusuki (Milan: Signum d'Arte edizioni, 2000). *Northern Geography*, translated by Emanuel di Pasquale (New York: Gradiva Publications, 2002).

La profezia era il mare, with a preface by Ottavio Rossani, a critical note by Corrado Bagnoli, and paintings on paper by Paolo Leveni (Milan: Edizioni Farina Grafiche, 2006).

Il tempo dovuto: poesie (1996–2005), with a preface by Muro Ferrari and critical notes by Maria Pia Quintavalla, Giancarlo Majorino, Milo De Angelis, and Giancarlo Pontiggia (Rome: Editoriale & Spettacolo, 2005).

Codice terrestre, with a preface by Milo De Angelis (Milan: La Vita Felice, 2008).

Leggere variazioni di rotta, 20 Poeti dal Blog liberinversi (Bologna: Edizioni Le Voci della Luna, 2008).

Inediti (2007–2008)."Parking America — in tre passi" won the first prize in the unpublished poems category of the Lorenzo Montano Prize in Verona in 2009.

A distanze minime appeared in the *Almanacco dello Specchio* (Milan: Mondadori, 2009) and won the Guido Gozzano Poetry Prize (Alessandria, 2009). It subsequently appeared in *Nuovi poeti italiani, 6* (Milan: Einaudi, 2012).

About the Author

The poet, critic, and essayist GABRIELA FANTATO is often invited to major literary events, such as the International Poetry Festivals of Milan (2006) and Luxembourg (2010). Her texts have been translated into English, French, Spanish, and Arabic, and they have appeared on literary websites, in anthologies, and in numerous Italian and foreign publications, notably in *Aujourd'hui Poème* (France), *Italian Poetry Review* (USA), *Gradiva: International Journal of Italian Poetry* (USA), and *Cuadernos del Matematicos* (Spain). She has won several poetry prizes, including the Guido Gozzano (in both 2003 and 2009), the Eugenio Montale Europa (2004), the Città di Tortona (2008), and the Lorenzo Montano (2009). Her published poetry books comprise *Fugando* (Bologna: Book editore, 1996), *Enigma* (Como: DIALOGOlibri, 2000), *Moltitudine* (in *Settimo Quaderno di Poesia Italiana*, Milan: Marcos y Marcos, 2001), *Northern Geography* (translated by Emanuel di Pasquale; New York: Gradiva Publications, 2002), *il tempo dovuto: poesie 1996–2005* (Rome: Editoria & Spettacolo, 2005), *Codice terrestre* (with a preface by Milo De Angelis; Milan: La Vita Felice, 2008), and *A distanze minime* (in "Almanacco dello Specchio," Mondadori, 2009). One of her poems appears in the anthology *Meglio qui che in ufficio*, a collection of aphorisms and epigraphs edited by A. Schatz and M. Vaglieri (Rizzoli, 2009). The poems "Enigma" and "La musica dei Tarocchi" have been read on RAI Radio 3, with accompanying music by Carlo Galante. Fantato has also written verse plays for the theater: *Messer Lievesogno e la Porta Chiusa*, *La bella Melusina*, *L'elefante di Annibale*, and *Enigma e Ghost Cafè* have been staged in major Italian theaters such as the Teatro della Villa Reale of Monza, the Teatro Comunale of Trento, the Piccolo Teatro of Milan, and the Teatro Donizetti of Bergamo. Noteworthy are also her poetic texts for musical accompaniment: *La porta a sud*, with music by Maurizio Erbi (Calderara Foundation, 2007) and then with music by Nicola Arnoldi (Milan: Spazio Oberdan, 2008); and *Nello sbalordimento, la vecchiaia di Ulisse*, with music by Mariela Pavia (Spazio Oberdan, 2008). She is the editor-in-chief of the review *La Mosca di Milano* and of the "Sguardi" series of poetry, essays, and translations which is published by La Vita Felice in Milan. With Luigi Cannillo, she has co-edited the anthology *La Biblioteca delle voci*, a collection of interviews with twenty-five Italian poets (Joker edizioni, 2006).

About the Translator

EMANUEL DI PASQUALE was born in Ragusa, Sicily, and emigrated to America in 1957. He studied at Adelphi University and New York University. His translations from the Italian include Carlo della Corte's *The Journey Ends Here* (Gradiva Publications, 2000), Silvio Ramat's *Sharing a Trip* (Bordighera Press, 2001), which won a Raiziss / de Palchi Fellowship from the Academy of American Poets, and Milo De Angelis's *Between the Blast Furnaces and the Dizziness* (Chelsea Editions, 2003). He has published sixteen books of his own poetry, most recently *Siciliana* (2009) and *Harvest* (2011), both from Bordighera Press. He has also written a book for children, *Cartwheel to the Moon* (Cricket Books, 2003). His translation of Dante's *La Vita Nuova* was published by Xenos Books (2012).